Sopa de Letras

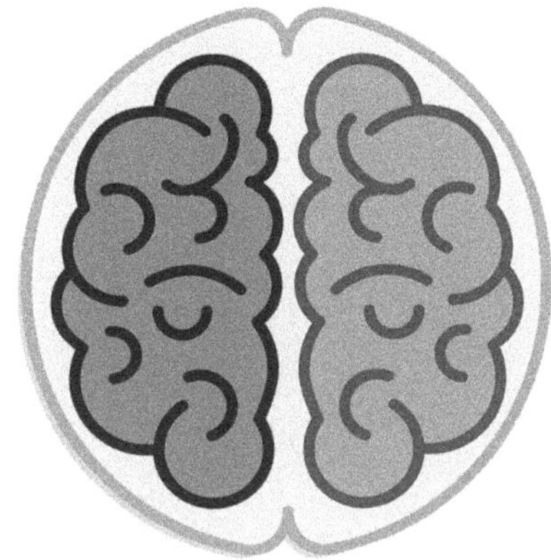

introducción

La sopa de letras es un juego que consiste en una cuadrícula u otraforma geométrica rellena con diferentes letras y sin sentido aparente.
El juegoconsiste en descubrir un número determinado de palabras enlazando estasletras de forma horizontal, vertical o diagonal y en cualquier sentido.

Para ayudarnos a continuar, publique un comentario en el sitio.
y apreciaremos sus comentarios y sugerencias.

D	S	X	W	L	F	T	V	T	C
M	Y	F	C	C	U	I	Y	I	A
E	M	E	X	U	E	Z	C	S	J
L	U	B	Z	S	R	A	P	S	A
O	Ñ	R	J	G	T	W	B	Y	R
C	E	E	J	Q	E	V	W	W	D
O	C	R	T	R	I	S	T	E	H
T	A	O	H	V	M	O	A	H	I
Ó	P	E	V	I	S	A	D	O	J
N	G	Q	S	R	P	L	G	S	A

TIZA	FUERTE	TRISTE
MUÑECA	HIJA	CAJA
FEBRERO	VISADO	MELOCOTÓN

T	A	U	Y	F	T	T	C	F	K
R	Z	J	P	E	R	F	U	M	E
E	V	P	O	L	L	O	L	J	E
C	U	W	F	R	E	S	A	S	P
E	L	M	E	N	Z	B	L	O	I
K	M	J	L	J	N	J	P	B	E
A	F	R	I	C	A	N	O	R	Z
I	R	R	C	X	S	Z	Y	I	A
M	J	L	I	B	R	O	S	N	Z
W	P	A	N	C	H	O	A	A	K

ANCHOA **SOBRINA** **PERFUME**

TRECE **PIEZA** **POLLO**

LIBRO **AFRICANO** **FRESA**

S	U	M	A	D	O	R	A	P	B
C	I	R	U	E	L	A	S	I	O
E	M	E	C	A	T	U	A	T	R
F	I	S	D	N	V	L	S	A	R
F	S	T	J	I	N	A	L	L	A
R	P	E	O	L	D	D	J	I	D
E	K	W	I	L	O	A	D	A	O
S	I	D	Q	O	C	V	Z	N	R
A	O	V	H	B	E	V	N	O	N
H	N	M	O	R	E	N	O	G	E

FRESA	**MORENO**	**SUMADORA**
DOCE	**ESTE**	**BORRADOR**
CIRUELA	**ANILLO**	**ITALIANO**

L	H	N	A	T	A	C	I	Ó	N
U	O	A	P	Z	H	M	R	O	K
N	G	I	O	Q	O	A	O	V	E
E	Y	C	R	C	C	F	A	U	S
G	O	U	T	O	T	R	O	S	P
R	L	Ñ	U	D	U	I	K	M	A
O	H	A	G	O	B	C	R	Y	Ñ
K	V	D	U	I	R	A	M	R	O
B	K	O	É	T	E	N	T	J	L
V	H	N	S	Q	S	O	M	I	L

OCTUBRE	**CODO**	**AFRICANO**
MIL	**NATACIÓN**	**ESPAÑOL**
PORTUGUÉS	**NEGRO**	**CUÑADO**

K	Q	L	E	C	T	U	F	E	Q
A	E	E	J	A	P	O	N	É	S
R	P	C	C	I	F	O	S	S	F
F	O	H	E	O	D	N	S	B	Y
X	D	E	R	L	M	A	D	R	E
U	T	R	E	I	N	T	A	V	O
K	D	J	Z	G	R	X	Y	N	D
V	A	M	A	R	T	E	S	A	N
E	M	P	L	E	A	D	O	T	I
C	O	M	E	D	O	R	A	A	S

EMPLEADO **MARTES** **LECHE**
MADRE **CEREZA** **NATA**
COMEDOR **TREINTAVO** **JAPONÉS**

D	I	E	C	I	O	C	H	O	S
F	A	V	S	U	É	T	E	R	P
X	J	U	C	A	R	A	U	I	M
K	C	U	Ñ	A	D	A	D	T	D
H	S	U	A	S	L	G	F	A	Z
M	E	M	D	A	Z	U	L	L	I
B	M	A	R	M	M	K	N	I	W
Z	A	N	A	H	O	R	I	A	Y
K	H	E	L	A	D	O	A	N	H
C	I	N	G	L	É	S	V	O	H

SUÉTER **INGLÉS** **HELADO**
ITALIANO **CUÑADA** **DIECIOCHO**
AZUL **CARA** **ZANAHORIA**

S	N	B	O	T	A	S	K	Y	W
B	V	C	P	T	Z	V	D	Z	I
C	A	U	P	A	S	T	E	L	I
V	I	M	P	A	R	C	I	A	L
G	N	H	I	N	X	N	I	C	U
A	I	E	G	I	P	C	I	O	M
Y	L	Z	K	A	D	I	Ó	S	F
Z	L	K	G	S	E	G	U	R	O
A	A	G	H	L	B	I	W	U	J
M	A	Y	O	R	G	O	R	D	O

VAINILLA **ADIÓS** **IMPARCIAL**
PASTEL **SEGURO** **BOTAS**
MAYO **GORDO** **EGIPCIO**

A	D	X	E	Z	D	C	V	Z	X
U	D	I	R	E	C	T	O	R	P
X	T	J	T	B	A	J	O	P	R
I	T	X	N	T	J	T	X	Q	P
L	C	E	R	V	E	Z	A	O	U
I	M	Á	Q	U	I	N	A	U	L
A	D	Q	E	V	V	H	I	D	G
R	H	B	I	S	T	E	C	P	A
B	H	T	R	E	C	E	N	X	D
X	C	C	Y	M	E	L	E	N	A

BAJO **PULGADA** **MELENA**
AUXILIAR **MÁQUINA** **CERVEZA**
TRECE **DIRECTOR** **BISTEC**

F	E	S	P	O	S	O	G	I	B
T	E	N	E	D	O	R	Z	J	O
C	O	R	D	E	R	O	D	B	D
E	P	W	K	F	B	Y	H	U	A
B	O	H	Z	S	Z	Q	U	Z	L
O	L	U	S	O	B	R	I	N	A
L	L	E	U	P	F	O	Y	Q	A
L	O	V	K	C	O	M	I	D	A
A	K	O	L	O	Y	I	X	I	A
Z	H	P	L	E	C	T	U	R	A

ESPOSO **CEBOLLA** **TENEDOR**
COMIDA **POLLO** **HUEVO**
CORDERO **SOBRINA** **LECTURA**

X	M	F	L	X	H	M	R	Q	U
R	A	E	H	E	L	A	D	O	Y
C	Y	F	S	I	E	T	E	B	C
M	O	A	D	Y	O	J	J	H	I
X	P	C	D	C	D	R	V	M	C
P	O	T	R	O	S	B	I	F	L
L	Q	U	X	Z	R	X	N	V	I
U	Q	R	S	C	E	N	A	V	S
M	D	A	A	A	R	H	P	L	M
A	L	R	Y	B	O	D	A	N	O

PLUMA
CICLISMO
FACTURAR

HELADO
SIETE
MAYO

BODA
ROSBIF
CENA

A	P	S	E	G	U	N	D	O	S
F	K	P	U	F	N	E	N	T	P
G	S	R	S	H	Y	M	O	Q	H
S	P	I	A	X	F	T	V	L	O
L	C	N	N	O	L	B	I	S	M
F	Y	C	D	N	O	D	E	Y	B
U	P	I	A	I	R	E	M	T	R
H	A	P	L	Ñ	E	D	B	O	O
U	V	A	I	O	S	O	R	A	M
Z	O	L	A	S	M	D	E	F	Z

DEDO	**SANDALIA**	**HOMBRO**
FLORES	**NIÑOS**	**SEGUNDO**
PRINCIPAL	**NOVIEMBRE**	**PAVO**

L	J	A	T	A	Z	A	E	V	T
C	O	F	U	E	R	T	E	P	V
X	H	H	I	H	Z	H	J	O	P
S	N	O	V	E	N	T	A	S	D
O	J	A	P	O	N	É	S	T	X
P	J	P	R	S	P	D	U	R	Y
A	C	E	B	U	C	A	D	E	X
Z	G	R	A	D	P	H	I	G	P
C	S	A	J	K	P	E	C	H	O
A	M	N	O	X	Z	T	R	A	S

POSTRE **JAPONÉS** **FUERTE**
TAZA **SOPA** **BAJO**
PERA **NOVENTA** **PECHO**

N	F	E	G	Y	M	L	K	N	B
T	O	R	O	N	J	A	H	U	P
I	F	I	V	X	B	C	Y	E	R
N	U	T	V	E	L	A	A	R	O
Q	A	B	R	I	G	O	J	A	F
U	L	B	A	Ñ	O	E	M	H	E
I	Z	J	A	P	O	N	É	S	S
E	B	O	C	A	D	I	L	L	O
T	D	Z	B	I	Z	C	F	E	R
O	G	A	K	T	N	Z	A	L	L

TORONJA **JAPONÉS** **BOCADILLO**
BAÑO **INQUIETO** **ABRIGO**
NUERA **VELA** **PROFESOR**

S	E	I	S	R	A	C	J	H	O
C	E	L	E	K	L	P	E	R	K
D	M	W	S	H	C	R	U	A	C
T	T	M	T	I	A	O	R	G	H
D	A	Ú	U	Z	C	F	O	U	A
D	R	S	D	L	H	E	P	A	M
Y	J	I	I	Z	O	S	E	H	P
F	E	C	O	Z	F	O	O	I	A
G	T	A	S	G	A	R	X	B	Ñ
G	A	O	O	D	M	X	J	B	A

MÚSICA
CHAMPAÑA
PROFESOR
TARJETA
SEIS
AGUA
ESTUDIOSO
EUROPEO
ALCACHOFA

S	M	V	S	E	V	K	N	N	S
C	G	R	H	U	E	V	O	T	H
O	U	Q	N	Y	E	R	N	O	A
D	M	O	I	C	A	J	A	N	L
O	O	N	R	O	O	C	H	O	W
B	E	R	E	N	J	E	N	A	E
P	L	O	M	E	R	O	K	E	B
E	I	N	G	E	N	I	E	R	O
S	V	Y	B	B	L	J	Q	L	N
H	Q	P	E	S	P	O	S	A	X

YERNO **PLOMERO** **OCHO**
HUEVO **CODO** **INGENIERO**
ESPOSA **CAJA** **BERENJENA**

Y	Z	Q	W	A	I	W	G	U	L
S	M	V	E	R	A	N	D	A	C
E	K	S	P	O	K	D	K	M	Z
G	N	O	E	E	J	L	S	I	F
U	W	P	S	H	A	A	E	L	F
R	F	A	C	A	R	T	C	L	R
I	Z	R	A	U	D	A	R	A	E
D	X	A	D	L	Í	W	E	M	V
A	C	Z	O	O	N	J	T	S	D
D	J	T	E	N	E	D	O	R	Z

SOPA
SEGURIDAD
VERANDA

JARDÍN
SECRETO
PESCADO

MILLA
LATA
TENEDOR

E	S	C	H	I	J	F	N	K	P
N	G	U	D	M	V	Z	G	I	R
C	E	Ñ	W	P	L	M	K	N	E
A	E	A	L	A	M	E	O	M	T
N	S	D	H	R	O	Z	C	E	E
T	P	A	O	C	A	Q	T	P	N
A	O	Z	Q	I	J	U	I	A	D
D	S	R	I	A	Z	I	Z	V	E
O	A	Z	W	L	B	N	A	O	R
A	L	C	A	C	H	O	F	A	I

TIZA	PAVO	ENCANTADO
ESPOSA	MEZQUINO	ALCACHOFA
CUÑADA	IMPARCIAL	PRETENDER

E	V	C	U	A	T	R	O	Q	C
M	G	F	N	O	V	E	N	T	A
M	U	Ñ	E	C	A	J	E	U	J
S	P	R	I	N	C	I	P	A	L
S	I	M	P	Á	T	I	C	O	J
X	E	M	P	L	E	A	D	O	V
U	M	F	A	E	Y	J	K	H	E
E	M	A	B	U	R	R	I	D	O
A	B	O	G	A	D	O	R	L	R
S	I	E	T	E	Q	D	H	L	C

SIMPÁTICO	CUATRO	ABURRIDO
SIETE	EMPLEADO	NOVENTA
MUÑECA	PRINCIPAL	ABOGADO

Sopa de Letras

L	U	G	S	U	B	S	S	T	M
C	B	A	S	T	A	R	M	R	B
A	S	U	S	T	A	D	O	E	C
T	O	B	I	L	L	O	K	I	U
X	U	X	Y	M	E	H	C	N	A
F	F	K	Y	X	F	T	L	T	R
V	A	I	N	I	L	L	A	A	E
H	E	R	M	A	N	A	K	V	N
A	Q	Z	Z	S	A	L	Z	O	T
H	W	A	H	L	G	U	Ñ	A	A

UÑA **CUARENTA** **TOBILLO**
VAINILLA **BASTAR** **SAL**
ASUSTADO **HERMANA** **TREINTAVO**

A	C	K	O	F	O	Y	D	P	C
N	A	E	T	U	R	V	X	R	C
C	R	Q	E	T	S	E	A	E	O
H	N	M	S	E	L	I	V	P	R
O	I	W	C	R	S	N	I	A	D
A	C	U	R	N	A	T	Ó	R	E
M	E	O	I	E	L	I	N	A	R
V	R	R	T	R	I	D	M	R	O
X	O	A	O	A	R	Ó	A	D	C
G	P	J	R	J	R	S	B	G	V

CORDERO **AVIÓN** **SALIR**
PREPARAR **CARNICERO** **TERNERA**
ANCHOA **VEINTIDÓS** **ESCRITOR**

L	A	G	U	A	P	C	T	Z	V
D	G	X	X	C	P	I	K	F	V
F	I	X	I	V	I	N	K	D	Y
P	K	F	I	F	J	C	D	E	E
F	T	J	U	R	A	U	E	C	S
L	Í	H	E	I	R	E	S	L	P
I	O	U	C	Z	D	N	V	A	O
M	H	N	I	A	Í	T	Á	R	S
A	K	Z	E	D	N	A	N	A	A
V	O	M	T	O	A	A	W	R	X

CINCUENTA **DESVÁN** **RIZADO**
ESPOSA **DECLARAR** **JARDÍN**
LIMA **TÍO** **AGUA**

E	J	Z	F	E	L	I	Z	T	H
M	F	R	A	M	B	U	E	S	A
B	B	O	N	C	S	L	C	T	D
A	B	I	A	A	E	W	A	E	I
R	R	E	T	R	S	I	Z	K	E
C	D	B	A	P	E	L	A	W	Z
A	G	I	J	E	N	R	W	N	O
R	T	E	O	T	T	M	T	L	Q
S	X	E	B	A	A	Z	N	D	S
F	E	A	M	I	S	T	O	S	O

DIEZ
FRAMBUESA
FELIZ

NATA
CAZA
AMISTOSO

EMBARCAR
CARPETA
SESENTA

N	R	V	N	G	I	X	I	R	G
T	W	P	B	U	M	Q	M	D	W
O	R	H	D	A	P	C	E	I	P
B	U	F	W	S	A	U	L	E	U
I	S	F	B	E	R	A	O	C	L
L	U	A	T	A	C	D	C	I	G
L	E	T	Z	N	I	E	O	S	A
O	G	Í	X	Q	A	R	T	É	R
H	R	O	B	M	L	N	Ó	I	Q
B	A	A	D	H	J	O	N	S	Z

TOBILLO **DIECISÉIS** **IMPARCIAL**
TÍO **MELOCOTÓN** **PULGAR**
GUASEAN **SUEGRA** **CUADERNO**

C	O	M	E	D	O	R	P	Z	P
T	E	M	P	R	A	N	O	R	C
F	G	A	C	D	Y	I	J	F	W
F	I	S	Q	D	O	C	E	U	J
X	D	I	E	C	I	S	É	I	S
T	S	Á	O	K	K	W	M	I	B
Y	F	T	E	U	R	O	P	E	O
I	N	I	O	B	O	N	I	T	A
B	J	C	T	L	I	M	Ó	N	R
L	Z	O	J	K	L	Á	P	I	Z

LIMÓN **BONITA** **LÁPIZ**
DOCE **DIECISÉIS** **EUROPEO**
ASIÁTICO **TEMPRANO** **COMEDOR**

Sopa de Letras

K	V	E	N	O	J	A	D	O	L
M	A	R	G	E	N	T	I	N	O
E	Y	E	S	P	A	L	D	A	C
L	A	J	U	N	I	O	E	G	P
O	P	R	E	S	E	N	T	A	R
C	E	O	C	T	U	B	R	E	H
O	C	M	A	N	Z	A	N	A	K
T	P	O	N	D	U	L	A	D	O
Ó	F	P	N	U	U	P	J	J	W
N	V	C	O	R	P	E	S	K	T

ARGENTINO **ONDULADO** **MANZANA**
MELOCOTÓN **ESPALDA** **PRESENTAR**
JUNIO **ENOJADO** **OCTUBRE**

A	I	M	A	R	R	Ó	N	H	K
B	R	W	E	C	Z	H	M	O	O
N	K	E	S	E	D	I	E	L	R
I	I	W	P	N	E	S	L	A	E
Ñ	B	J	I	A	N	E	O	B	J
O	Y	J	N	K	O	S	C	Y	A
S	S	Y	A	I	J	E	O	W	C
A	N	H	C	L	A	N	T	W	F
N	U	D	A	Z	D	T	Ó	O	F
Y	V	N	S	Q	O	A	N	M	Y

MELOCOTÓN
OREJA
MARRÓN

SESENTA
HOLA
ESPINACAS

ENOJADO
CENA
NIÑOS

J	P	T	C	O	J	D	N	G	N
P	O	T	I	N	G	U	E	X	P
H	A	C	E	R	N	B	A	F	L
X	K	Z	B	A	I	L	E	H	U
U	I	P	A	F	F	R	E	S	A
P	R	O	F	E	S	O	R	Y	E
R	A	Z	S	I	F	J	H	A	N
D	I	E	C	I	S	É	I	S	E
X	D	J	F	Y	E	R	N	O	R
C	O	M	E	D	O	R	C	C	O

COMEDOR **YERNO** **ENERO**
BAILE **POTINGUE** **FRESA**
PROFESOR **DIECISÉIS** **HACER**

T	C	B	R	O	D	I	L	L	A
C	J	P	N	S	X	G	B	P	C
S	O	V	A	L	I	E	N	T	E
A	C	A	A	B	U	E	L	O	I
N	H	P	E	S	C	A	O	Z	W
G	E	P	R	E	S	E	N	T	E
R	N	J	Z	N	M	A	K	D	R
E	T	H	A	E	A	B	S	P	Y
P	A	U	U	V	A	S	T	X	B
B	D	I	V	E	R	T	I	D	O

PESCA **UVA** **VALIENTE**
OCHENTA **SANGRE** **ABUELO**
PRESENTE **RODILLA** **DIVERTIDO**

C	G	R	G	N	N	L	Z	A	W
B	F	E	B	R	E	R	O	P	O
R	P	O	E	E	W	E	Z	A	D
A	B	B	F	S	N	Q	S	D	C
S	K	M	D	P	O	U	J	R	O
I	C	B	B	O	R	I	L	E	R
L	G	Y	V	S	T	S	M	I	D
E	P	H	S	A	E	A	W	S	E
Ñ	Q	L	A	T	A	N	O	T	R
O	N	D	U	L	A	D	O	P	O

ESPOSA **LATA** **BRASILEÑO**
NORTE **CORDERO** **REQUISAN**
PADRE **FEBRERO** **ONDULADO**

C	P	L	P	A	S	T	E	L	H
T	R	I	U	E	K	H	B	H	L
A	E	T	X	C	W	Z	L	H	I
J	T	R	I	O	P	I	C	E	S
E	E	O	L	N	A	Y	V	R	E
D	N	J	Q	Ó	P	M	E	M	T
R	D	D	Z	M	E	S	I	A	E
E	E	W	Z	I	L	D	N	N	N
Z	R	D	P	C	T	K	T	A	T
I	L	H	H	A	P	Y	E	F	A

PRETENDER
ECONÓMICA
AJEDREZ

PAPEL
SETENTA
PASTEL

VEINTE
HERMANA
LITRO

A	D	W	S	J	T	H	U	H	B
P	O	R	T	U	G	U	É	S	A
A	H	M	A	N	O	F	U	P	Ñ
Z	K	I	L	O	G	R	A	M	O
N	J	C	W	X	K	Z	T	U	X
M	D	N	Q	O	P	U	U	N	Q
A	P	E	R	I	T	I	V	O	S
W	W	F	E	M	A	R	T	E	S
A	D	I	Ó	S	E	C	T	R	N
S	C	M	E	L	E	N	A	R	K

ADIÓS **MELENA** **PORTUGUÉS**
MANO **APERITIVO** **MARTES**
UNO **BAÑO** **KILOGRAMO**

V	T	Í	M	I	D	O	A	B	E
N	U	M	A	K	L	Z	C	X	M
A	B	O	G	A	D	O	U	D	B
H	T	K	D	Y	W	Z	C	G	A
H	E	R	M	A	N	A	H	F	R
Y	W	E	V	Q	U	D	A	J	C
D	G	S	O	P	A	X	R	O	A
I	M	P	A	R	C	I	A	L	R
E	A	B	U	R	R	I	D	O	F
S	E	C	R	E	T	O	A	U	N

IMPARCIAL **ABOGADO** **SECRETO**
ABURRIDO **CUCHARADA** **HERMANA**
EMBARCAR **SOPA** **TÍMIDO**

A	T	Í	M	I	D	O	E	P	D
L	I	G	S	G	C	X	R	R	R
N	T	R	E	C	E	G	P	I	O
O	T	Q	N	Y	P	U	L	M	S
R	L	N	T	I	E	D	A	E	B
T	J	R	M	S	C	C	T	R	I
E	U	H	E	J	H	X	O	O	F
H	G	H	T	T	O	Q	O	U	I
P	O	T	Y	Q	V	V	J	K	P
Y	N	A	B	R	I	L	W	Y	S

TÍMIDO **PLATO** **PRIMERO**
JUGO **ROSBIF** **ABRIL**
NORTE **PECHO** **TRECE**

C	O	M	E	G	T	E	N	I	S
D	C	U	C	H	A	R	A	D	A
U	J	N	E	R	V	I	O	S	O
V	V	U	Y	O	N	O	H	T	I
E	Y	U	Q	V	Q	Z	W	H	Z
R	P	R	I	N	C	I	P	I	O
D	R	P	S	U	E	R	O	E	V
E	G	L	M	V	U	E	L	O	I
B	X	T	O	I	N	D	I	O	U
H	T	B	A	S	T	A	N	T	E

PRINCIPIO **BASTANTE** **SUERO**
VERDE **VUELO** **TENIS**
NERVIOSO **CUCHARADA** **INDIO**

I	A	L	E	M	Á	N	J	Q	Z
H	G	M	V	L	E	C	B	I	D
Z	G	I	A	N	M	X	H	N	N
N	R	N	X	A	B	G	N	G	I
K	A	Q	M	T	A	H	E	E	G
Z	C	U	F	I	R	E	G	N	L
R	I	I	T	L	Q	L	R	U	I
B	A	E	X	L	U	A	O	O	T
H	S	T	G	A	E	D	Q	T	R
S	U	O	C	S	D	O	P	Y	O

EMBARQUE **LITRO** **HELADO**
GRACIAS **INQUIETO** **NATILLAS**
NEGRO **ALEMÁN** **INGENUO**

B	R	T	R	E	I	N	T	A	D
K	Á	M	A	C	K	P	Q	M	Y
Z	B	R	O	P	A	L	Y	R	X
M	A	M	D	A	P	Á	Z	V	Q
I	N	E	T	V	A	T	Q	B	Q
J	O	A	W	R	T	A	U	L	U
R	T	O	N	W	A	N	E	A	I
R	U	A	W	T	T	O	S	N	N
M	E	H	F	N	A	B	O	C	C
P	M	T	R	E	S	P	V	O	E

RÁBANO **QUINCE** **QUESO**
TRES **PATATA** **TREINTA**
ROPA **PLÁTANO** **BLANCO**

A	T	D	Q	I	J	I	Q	C	Y
M	S	U	I	R	K	C	R	E	L
I	Q	L	D	C	I	I	U	B	I
S	E	C	S	X	L	N	D	O	T
T	S	E	E	L	O	C	E	L	R
O	E	N	G	K	G	U	R	L	O
S	R	W	U	D	R	E	E	A	B
O	I	B	I	A	A	N	C	H	F
D	O	Q	R	A	M	T	H	Y	K
J	B	D	W	G	O	A	A	E	P

KILOGRAMO **CINCUENTA** **DERECHA**
DULCE **AMISTOSO** **CEBOLLA**
SEGUIR **SERIO** **LITRO**

Sopa de Letras

C	A	N	Y	C	O	D	O	B	X
U	J	V	N	C	N	U	P	A	R
Ñ	E	H	E	G	Y	V	E	J	W
A	D	T	K	L	J	G	S	O	A
D	R	O	C	I	O	K	Q	M	T
O	E	U	B	S	S	Z	U	T	R
H	Z	O	U	O	W	G	Í	S	I
K	C	A	R	P	E	T	A	H	S
E	V	E	A	B	U	E	L	O	T
T	S	O	F	N	R	S	O	Z	E

ESQUÍ **CARPETA** **BAJO**
TRISTE **LISO** **CUÑADO**
AJEDREZ **CODO** **ABUELO**

T	Y	C	C	A	L	L	E	S	X
H	E	E	G	I	P	C	I	O	D
I	V	O	N	C	H	A	C	E	R
E	S	A	U	R	B	M	Z	Y	O
T	P	R	E	T	E	N	D	E	R
S	C	S	O	B	R	I	N	A	H
W	A	P	U	L	G	A	D	A	X
P	F	J	H	E	R	M	A	N	O
A	V	E	N	I	D	A	N	N	B
R	B	F	C	X	A	P	I	O	G

EGIPCIO **HACER** **HERMANO**
PRETENDER **PULGADA** **SOBRINA**
AVENIDA **APIO** **CALLE**

P	P	V	F	A	Z	U	L	E	S
O	J	X	H	V	R	U	S	O	J
S	D	M	E	G	W	T	X	D	C
T	E	X	R	A	P	I	O	C	A
R	S	M	M	Z	S	B	Y	S	M
E	P	V	A	P	I	B	B	O	A
V	A	N	N	N	E	Y	G	L	R
Z	Ñ	A	A	L	T	Z	C	K	E
I	O	J	J	H	E	W	G	E	R
C	L	I	R	B	V	U	E	L	O

APIO **VUELO** **HERMANA**

ESPAÑOL **POSTRE** **RUSO**

AZULES **CAMARERO** **SIETE**

Y	C	M	L	W	T	E	S	H	P
T	U	P	E	L	Í	C	U	L	A
U	Ñ	Q	C	U	E	L	L	O	V
B	A	L	A	L	E	M	Á	N	O
R	D	I	W	D	U	W	P	H	L
B	A	S	Z	L	B	A	L	K	Z
A	J	O	B	T	P	L	E	F	Z
Ñ	Y	B	O	S	M	I	U	D	G
O	I	Z	Q	U	I	E	R	D	A
M	A	R	G	E	N	T	I	N	O

PELÍCULA **CUELLO** **CUÑADA**
LISO **ALEMÁN** **ARGENTINO**
IZQUIERDA **BAÑO** **PAVO**

T	K	S	D	L	I	B	R	O	T
N	M	Ó	V	C	A	M	I	G	A
P	A	T	E	O	S	P	G	J	F
E	R	A	I	M	M	S	E	Z	B
R	T	N	N	E	D	O	C	E	Y
E	E	O	T	D	Y	P	H	K	S
Z	S	V	I	O	V	E	K	R	G
O	G	S	D	R	X	C	W	S	U
S	E	N	Ó	D	T	H	X	M	F
O	W	B	S	W	Q	O	N	W	F

AMIGA **COMEDOR** **PEREZOSO**
SÓTANO **VEINTIDÓS** **PECHO**
DOCE **LIBRO** **MARTES**

P	I	J	A	M	A	F	Q	V	Q
C	H	O	C	O	L	A	T	E	Q
J	H	U	E	V	O	T	S	J	Y
C	N	U	E	R	A	J	D	J	K
B	U	R	E	Q	U	I	S	A	N
M	M	B	A	I	N	G	L	É	S
I	M	P	A	R	C	I	A	L	N
V	P	R	I	N	C	I	P	A	L
S	R	E	I	G	T	V	N	J	A
H	N	U	E	V	E	O	B	O	H

NUEVE	**IMPARCIAL**	**HUEVO**
PIJAMA	**CHOCOLATE**	**PRINCIPAL**
NUERA	**REQUISAN**	**INGLÉS**

R	W	K	S	L	C	M	F	S	L
C	H	Q	M	U	R	A	U	J	P
A	R	E	B	N	I	P	J	G	M
T	X	S	Z	E	A	E	R	O	E
O	F	T	G	S	D	R	N	R	J
R	C	E	J	N	A	I	Q	D	I
C	P	X	F	M	L	T	B	O	C
E	E	R	F	V	K	I	O	B	A
B	L	M	C	E	R	V	C	Y	N
J	O	E	K	Y	S	O	A	R	O

BOCA **APERITIVO** **ESTE**
MEJICANO **CRIADA** **LUNES**
PELO **CATORCE** **GORDO**

U	Z	D	É	B	I	L	J	B	Q
F	P	I	E	R	N	A	B	B	P
M	Á	Q	U	I	N	A	D	R	B
B	C	D	N	N	F	U	B	W	R
O	M	E	J	I	C	A	N	O	E
T	H	O	J	A	T	J	I	K	Y
A	D	K	A	A	B	R	I	G	O
S	P	I	L	O	T	O	N	X	N
I	D	B	B	S	L	A	A	K	X
B	S	C	U	Ñ	A	D	O	C	C

MÁQUINA **BOTAS** **CUÑADO**
DÉBIL **HOJA** **MEJICANO**
ABRIGO **PIERNA** **PILOTO**

D	K	I	L	O	G	R	A	M	O
Z	Y	O	C	T	U	B	R	E	B
C	W	X	Z	Z	X	I	D	D	E
P	A	S	T	E	L	V	U	T	U
E	C	A	M	I	S	E	T	A	W
W	A	L	C	A	C	H	O	F	A
J	I	Q	M	H	P	A	T	I	O
M	O	S	T	R	A	D	O	R	F
A	W	J	G	U	A	P	O	D	T
N	V	Z	M	A	N	Z	A	N	A

GUAPO **KILOGRAMO** **PASTEL**
ALCACHOFA **PATIO** **OCTUBRE**
CAMISETA **MANZANA** **MOSTRADOR**

Sopa de Letras

U	B	G	P	Z	Q	U	W	D	T
I	O	Y	A	E	Q	D	M	D	E
A	N	W	T	T	K	E	P	B	N
S	I	Q	I	L	Z	S	X	A	E
U	T	R	O	A	H	P	F	L	D
S	A	E	P	R	P	E	D	C	O
T	M	J	U	G	O	G	H	Ó	R
A	T	C	U	O	R	A	Q	N	C
D	B	L	A	A	N	R	I	H	P
O	P	G	J	X	T	A	R	T	A

ASUSTADO **LARGO** **BONITA**
BALCÓN **TENEDOR** **PATIO**
TARTA **JUGO** **DESPEGAR**

S	I	X	A	V	E	N	I	D	A
P	L	O	M	E	R	O	D	A	O
E	S	Q	U	Í	L	E	O	M	S
B	Y	B	E	U	X	N	S	E	U
S	T	H	G	B	N	S	R	R	E
R	F	B	K	R	W	I	I	I	R
O	C	T	U	B	R	E	Z	C	O
J	X	H	Z	C	K	T	A	A	Y
E	F	A	G	C	Q	E	D	N	W
J	A	M	Ó	N	D	B	O	O	W

AMERICANO **RIZADO** **SIETE**
JAMÓN **OCTUBRE** **ESQUÍ**
SUERO **AVENIDA** **PLOMERO**

S	E	G	U	R	I	D	A	D	A
N	P	O	T	I	N	G	U	E	Z
E	M	B	A	R	C	A	R	T	F
G	M	F	W	H	I	J	A	A	A
Q	O	H	S	W	V	S	W	Z	C
I	C	W	E	U	A	Z	F	A	T
X	H	R	I	C	T	I	K	D	U
D	I	T	S	R	D	X	V	Z	R
X	L	S	W	M	U	T	M	E	A
N	A	T	A	C	I	Ó	N	I	R

SEIS **POTINGUE** **NATACIÓN**
HIJA **EMBARCAR** **FACTURAR**
MOCHILA **SEGURIDAD** **TAZA**

E	S	C	U	D	I	L	L	A	Z
P	T	A	R	J	E	T	A	R	J
R	R	O	D	I	L	L	A	W	A
E	J	N	O	S	L	L	B	V	P
T	I	A	G	L	A	D	U	A	O
E	X	R	Q	L	B	R	A	Q	N
N	N	A	U	P	I	Z	U	U	É
D	V	N	E	M	O	N	C	U	S
E	E	J	S	A	D	U	A	N	A
R	L	A	O	P	Y	F	Q	X	A

RODILLA
PRETENDER
JAPONÉS

ADUANA
QUESO
ESCUDILLA

NARANJA
TARJETA
LABIO

P	R	C	A	M	A	R	E	R	O
R	G	R	A	C	I	A	S	Z	H
E	N	C	T	A	R	E	A	G	I
P	L	P	R	F	A	L	E	V	H
A	F	A	E	B	Y	S	L	Q	F
R	B	D	S	P	O	S	T	R	E
A	N	R	H	H	A	Y	Y	F	F
R	C	E	L	W	T	X	J	S	B
G	N	M	A	N	Z	A	N	A	E
D	E	M	P	L	E	A	D	O	O

CAMARERO **PREPARAR** **MANZANA**
GRACIAS **POSTRE** **TAREA**
EMPLEADO **TRES** **PADRE**

T	A	Q	V	O	S	U	E	R	O
A	L	C	M	K	K	D	K	J	C
R	C	E	A	M	A	B	L	E	I
T	A	B	W	T	I	S	Q	R	E
A	C	O	T	I	Z	A	S	D	N
I	H	L	E	S	P	A	Ñ	O	L
P	O	L	T	A	R	R	S	Y	B
Q	F	A	U	O	W	N	B	I	H
E	A	T	L	É	T	I	C	O	R
C	L	K	A	G	U	V	I	P	V

ALCACHOFA	**CEBOLLA**	**CIEN**
TIZA	**ATLÉTICO**	**TARTA**
ESPAÑOL	**AMABLE**	**SUERO**

H	Z	Q	T	C	Q	W	G	T	S
C	R	Z	O	I	N	G	L	É	S
A	R	T	R	E	C	E	G	M	P
F	U	J	O	H	R	O	W	O	O
É	F	O	N	J	O	K	G	R	L
Y	F	Z	J	F	P	S	H	E	A
M	Q	T	A	Z	A	F	Z	N	C
C	P	E	R	F	U	M	E	O	O
C	S	O	F	R	U	T	A	F	V
I	D	A	L	X	E	M	S	Z	W

CAFÉ **FRUTA** **TORONJA**
MORENO **PERFUME** **POLACO**
TRECE **TAZA** **INGLÉS**

J	U	O	U	P	P	A	N	P	X
P	E	S	C	A	D	O	K	I	X
T	L	B	G	J	Y	B	V	R	T
T	B	E	B	E	R	A	D	E	Y
C	O	M	I	D	A	C	V	H	L
N	P	N	A	T	A	C	I	Ó	N
I	W	P	C	A	R	P	E	T	A
Ñ	A	Y	E	H	O	M	B	R	O
O	A	T	A	R	J	E	T	A	C
S	J	D	B	E	X	L	A	X	B

NIÑOS **PAN** **HOMBRO**
NATACIÓN **COMIDA** **PESCADO**
BEBER **CARPETA** **TARJETA**

O	L	H	E	Z	R	K	X	R	T
C	T	D	Q	A	D	U	A	N	A
T	R	E	G	O	E	S	T	E	T
U	N	B	I	P	E	L	O	G	I
B	C	O	C	I	N	E	R	O	Z
R	J	P	N	I	R	H	J	N	A
E	D	G	S	A	L	E	J	W	B
S	E	G	U	R	I	D	A	D	E
I	M	P	R	E	S	O	R	A	C
G	M	L	L	E	X	S	G	L	Y

OCTUBRE **ADUANA** **COCINERO**
SAL **IMPRESORA** **TIZA**
SEGURIDAD **OESTE** **PELO**

Z	C	A	R	N	I	C	E	R	O
B	R	A	Z	O	Z	Y	B	T	E
R	E	Q	U	I	S	A	N	O	V
Y	L	T	M	D	F	F	A	R	I
O	P	B	E	Q	Y	H	F	O	S
Z	A	L	E	M	Á	N	Z	N	A
A	B	R	I	G	O	H	V	J	D
A	V	E	N	I	D	A	J	A	O
E	D	L	G	Z	S	N	D	Q	T
C	O	B	R	H	U	E	V	O	I

CARNICERO	**VISADO**	**ABRIGO**
BRAZO	**ALEMÁN**	**HUEVO**
AVENIDA	**REQUISAN**	**TORONJA**

O	S	U	E	G	R	O	Y	T	M
T	R	A	N	Q	U	I	L	O	S
O	L	L	Z	J	P	K	R	Z	U
W	C	M	E	I	L	X	O	K	É
L	I	O	N	G	Á	R	M	K	T
Q	N	R	A	Q	T	W	P	C	E
F	C	E	R	G	A	W	E	H	R
Q	O	N	I	Y	N	O	R	H	U
O	T	O	Z	M	O	I	A	Z	P
Y	Y	S	P	L	O	M	E	R	O

SUÉTER **PLÁTANO** **ROMPER**
CINCO **MORENOS** **TRANQUILO**
PLOMERO **SUEGRO** **NARIZ**

C	A	T	O	R	C	E	Q	A	B
Y	Z	E	J	G	O	J	C	E	U
B	C	O	C	I	N	A	H	F	U
I	S	E	T	E	N	T	A	T	L
L	Z	N	N	N	H	P	Q	O	I
L	C	E	M	O	U	K	U	R	B
E	A	G	T	J	G	I	E	O	E
T	S	R	C	A	I	V	T	N	U
E	A	O	V	D	Y	I	A	J	D
N	L	P	Y	O	R	X	X	A	I

SETENTA **ENOJADO** **NEGRO**
TORONJA **COCINA** **NEGRO** **CASA**
BILLETE **CATORCE** **CHAQUETA**

T	C	O	P	I	A	D	O	R	A
R	F	E	L	I	Z	O	B	V	K
E	F	X	P	K	I	I	Z	N	K
S	C	C	E	G	C	N	O	P	R
Y	A	A	S	G	U	D	J	I	G
U	F	R	C	O	A	I	A	J	D
R	É	A	A	W	T	O	M	A	E
S	K	N	D	B	R	Y	I	M	T
F	P	X	O	H	O	S	R	A	I
R	F	U	Q	G	H	F	N	J	L

PIJAMA	**INDIO**	**PESCADO**
CAFÉ	**FELIZ**	**TRES**
COPIADORA	**CUATRO**	**CARA**

N	U	E	V	E	L	L	S	H	E
R	O	M	H	D	Y	E	V	G	S
L	D	E	I	J	E	C	G	Z	P
I	P	S	L	A	J	H	N	C	O
J	U	E	V	E	S	U	E	U	S
C	A	I	K	C	O	G	G	A	O
E	V	C	J	A	C	A	R	T	Y
O	I	R	C	L	H	H	O	R	O
L	Ó	B	O	L	O	G	H	O	N
F	N	Z	T	E	C	F	A	V	C

OCHO **NEGRO** **NUEVE**
AVIÓN **LECHUGA** **JUEVES**
ESPOSO **CALLE** **CUATRO**

W	X	T	T	U	L	L	S	O	M
X	T	W	K	B	J	F	A	A	A
P	V	S	J	E	P	A	L	R	R
X	E	D	A	R	I	M	C	G	T
X	I	U	M	E	L	A	H	E	E
Z	N	D	Ó	N	O	R	I	N	S
D	T	M	N	J	T	I	C	T	T
R	E	Q	T	E	O	L	H	I	M
P	E	R	A	N	X	L	A	N	E
U	C	V	M	A	Z	O	Z	O	F

JAMÓN
SALCHICHA
MARTES

PERA
PILOTO
AMARILLO

BERENJENA
ARGENTINO
VEINTE

W	N	M	M	E	Q	P	Z	S	H
Y	T	M	L	C	B	D	J	U	V
P	Q	X	T	R	I	S	T	E	E
E	B	X	H	I	Q	U	H	R	I
K	R	L	U	N	E	S	E	O	N
N	A	T	A	C	I	Ó	N	Q	T
I	N	G	E	N	U	O	W	Q	I
X	Q	B	O	T	E	L	L	A	D
S	B	C	O	D	O	N	E	I	Ó
S	O	B	R	I	N	A	O	G	S

VEINTIDÓS **SUERO** **LUNES**
SOBRINA **INGENUO** **BOTELLA**
NATACIÓN **TRISTE** **CODO**

S	U	E	G	R	O	U	Q	J	J
Y	E	R	N	O	I	I	Y	I	F
Z	M	E	J	I	C	A	N	O	D
S	F	A	U	X	I	L	I	A	R
A	R	D	X	A	N	I	L	L	O
C	E	L	D	L	K	N	C	U	P
A	S	G	G	X	R	B	K	U	L
R	A	P	L	A	T	I	L	L	O
V	E	I	N	T	I	D	Ó	S	Y
K	C	X	W	U	W	X	Q	D	T

PLATILLO **VEINTIDÓS** **SUEGRO**
ANILLO **YERNO** **FRESA**
MEJICANO **SACAR** **AUXILIAR**

B	O	T	A	S	O	R	E	J	A
E	M	B	A	R	Q	U	E	O	J
D	X	H	J	Z	W	V	U	X	O
D	N	O	V	I	E	M	B	R	E
H	H	L	U	R	Y	N	J	M	Z
L	P	A	U	E	O	X	V	J	N
B	E	B	E	R	J	W	S	M	D
E	V	I	S	A	D	O	I	F	P
I	N	G	E	N	I	E	R	O	X
U	M	O	S	T	R	A	D	O	R

BEBER **MOSTRADOR** **BOTAS**
EMBARQUE **INGENIERO** **HOLA**
OREJA **NOVIEMBRE** **VISADO**

H	A	B	U	E	L	A	T	G	W
X	K	K	E	V	U	T	Z	L	W
M	E	U	R	O	P	E	O	E	L
V	H	J	S	W	G	S	H	C	I
A	N	C	H	O	A	Y	M	H	B
N	B	A	S	T	A	N	T	E	R
T	C	D	C	I	N	C	O	Z	O
C	A	O	M	K	K	E	A	U	G
S	J	C	F	D	J	C	L	G	R
Y	A	E	W	K	T	D	A	U	I

EUROPEO **ABUELA** **LECHE**
CINCO **CAJA** **LIBRO**
DOCE **BASTANTE** **ANCHOA**

U	S	V	A	I	N	I	L	L	A
I	N	Q	U	I	E	T	O	G	G
B	D	X	V	Y	Y	L	Z	X	U
X	B	O	R	R	A	D	O	R	S
V	U	E	M	B	A	R	C	A	R
W	P	L	A	T	I	L	L	O	G
C	K	K	W	I	V	V	A	H	E
F	R	A	N	C	É	S	S	C	K
I	W	C	A	R	N	E	E	W	J
D	G	L	E	C	H	U	G	A	M

BORRADOR **CARNE** **PLATILLO**
FRANCÉS **LECHUGA** **EMBARCAR**
INQUIETO **VAINILLA** **CLASE**

Sopa de Letras

R	Q	S	A	N	G	R	E	O	W
E	J	Z	M	Q	S	C	S	P	L
C	N	X	F	U	W	I	F	E	A
O	N	U	J	E	A	C	D	R	M
G	P	F	Y	M	L	L	E	E	A
I	U	W	O	I	E	I	D	Z	R
D	Z	L	G	L	M	S	O	O	I
A	J	A	U	Q	Á	M	R	S	L
R	B	Z	R	Q	N	O	G	O	L
O	C	J	O	S	K	X	F	F	O

CICLISMO **SANGRE** **ALEMÁN**
PEREZOSO **MIL** **RECOGIDA**
AMARILLO **DEDO** **YOGUR**

F	L	U	D	J	E	D	K	O	A
H	E	U	R	O	P	E	O	F	J
C	I	N	D	E	D	O	S	F	E
P	R	E	S	E	N	T	E	D	D
I	N	G	E	N	I	E	R	O	R
K	A	P	I	O	E	M	R	K	E
Q	M	U	O	K	D	M	E	K	Z
E	K	I	L	O	J	T	Y	T	O
W	G	B	A	B	A	S	T	A	R
J	V	V	I	E	R	N	E	S	J

INGENIERO **EUROPEO** **DEDO**
PRESENTE **AJEDREZ** **KILO**
VIERNES **APIO** **BASTAR**

E	C	O	N	Ó	M	I	C	A	C
C	A	M	N	I	K	O	Z	M	F
U	L	Ú	O	N	Y	G	S	A	V
A	C	S	I	D	F	V	X	M	T
R	A	I	T	I	C	O	W	A	X
T	C	C	F	O	O	B	P	R	M
O	H	A	E	G	I	P	C	I	O
U	O	V	A	I	N	I	L	L	A
G	F	P	L	A	T	I	L	L	O
H	A	W	T	L	Z	P	P	O	E

VAINILLA **MÚSICA** **AMARILLO**
EGIPCIO **ALCACHOFA** **INDIO**
CUARTO **PLATILLO** **ECONÓMICA**

T	S	K	Z	C	M	O	L	A	T
B	E	S	T	Ú	P	I	D	O	E
Z	L	O	F	G	O	R	D	O	U
S	A	L	I	D	A	O	C	K	A
T	A	R	T	A	P	R	X	Z	L
G	F	T	E	N	E	D	O	R	T
P	I	M	W	G	V	Y	D	R	O
A	C	I	N	C	U	E	N	T	A
G	I	X	P	S	Á	B	A	D	O
A	W	S	J	S	U	E	R	O	Y

TARTA	**ALTO**	**ESTÚPIDO**
SALIDA	**GORDO**	**CINCUENTA**
TENEDOR	**SUERO**	**SÁBADO**

P	O	L	A	C	O	W	B	Y	E
E	N	O	J	A	D	O	C	H	O
V	N	C	O	O	O	E	O	C	J
B	E	R	E	N	J	E	N	A	Z
D	I	C	I	E	M	B	R	E	L
S	A	R	G	E	N	T	I	N	O
G	F	S	T	J	J	T	S	C	N
N	Y	I	N	G	L	É	S	B	A
M	E	L	O	C	O	T	Ó	N	S
Q	L	V	I	N	G	E	N	U	O

INGLÉS **INGENUO** **BERENJENA**
MELOCOTÓN **ENOJADO** **POLACO**
DICIEMBRE **ARGENTINO** **OCHO**

O	B	H	Y	U	A	F	F	P	C
R	Y	O	E	V	F	R	E	A	A
D	E	L	G	V	A	A	C	P	R
E	X	A	T	C	C	N	O	E	N
N	A	Q	R	V	T	C	N	L	I
A	M	G	E	D	U	É	Ó	D	C
D	E	T	S	M	R	S	M	V	E
O	N	W	B	L	A	V	I	K	R
R	Y	X	N	M	R	A	C	O	O
T	X	X	M	W	G	J	A	Z	R

PAPEL **HOLA** **ORDENADOR**
TRES **CARNICERO** **EXAMEN**
FRANCÉS **FACTURAR** **ECONÓMICA**

N	H	U	Q	U	E	S	O	W	L
I	N	U	E	S	P	O	S	A	F
T	M	L	Y	P	E	P	I	N	O
D	F	R	A	M	B	U	E	S	A
Q	B	D	X	Q	E	E	Z	I	O
C	O	B	A	R	D	E	Z	C	C
C	I	N	C	U	E	N	T	A	I
M	A	N	Z	A	N	A	A	M	T
A	D	U	A	N	A	Q	A	T	A
G	T	F	P	W	C	V	Q	V	R

PEPINO
QUESO
COBARDE

ESPOSA
MANZANA
CINCUENTA

ADUANA
FRAMBUESA
CITAR

B	A	E	N	L	B	Z	O	F	F
N	B	S	Z	P	A	T	I	O	P
Y	O	C	F	I	X	H	C	N	O
F	G	A	H	T	H	B	I	X	T
U	A	L	J	R	Z	O	T	C	I
A	D	E	P	E	H	N	A	E	N
H	O	R	F	C	Z	I	R	N	G
X	U	A	N	E	T	T	G	A	U
X	T	D	R	J	T	A	S	N	E
R	T	N	A	T	A	C	I	Ó	N

ABOGADO **PATIO** **CENA**
NATACIÓN **CITAR** **POTINGUE**
ESCALERA **BONITA** **TRECE**

H	H	A	E	G	I	P	C	I	O
U	C	A	Z	U	L	E	S	V	N
F	I	T	L	F	B	X	A	B	P
U	C	A	A	K	W	Y	G	V	R
E	L	B	Q	O	U	D	U	Q	A
R	I	O	N	D	U	L	A	D	O
T	S	P	A	T	I	O	Y	R	P
E	M	C	E	U	U	P	L	D	L
O	O	I	S	E	G	U	R	O	S
J	H	C	A	R	A	K	M	A	A

EGIPCIO **CICLISMO** **CARA**
AZULES **ONDULADO** **SEGURO**
AGUA **PATIO** **FUERTE**

V	H	W	V	E	R	A	N	D	A
S	A	L	C	H	I	C	H	A	M
Q	O	T	Z	B	B	S	V	U	K
U	W	E	U	R	O	P	E	O	H
H	A	R	G	E	N	T	I	N	O
P	R	I	M	E	R	M	W	D	G
U	D	J	G	Y	U	R	L	O	A
C	A	S	A	R	S	E	R	C	N
T	E	R	M	I	N	A	L	E	S
I	Z	Q	U	I	E	R	D	A	I

VERANDA **PRIMER** **CASARSE**
DOCE **EUROPEO** **TERMINAL**
ARGENTINO **IZQUIERDA** **SALCHICHA**

E	E	E	G	I	P	C	I	O	R
P	O	S	T	R	E	Z	L	P	Z
E	C	T	O	L	C	B	T	O	I
A	A	Ú	F	I	B	I	E	N	A
F	B	P	O	M	O	W	R	C	T
V	E	I	J	O	N	J	M	E	H
E	Z	D	N	N	I	Q	I	H	O
R	A	O	F	A	T	O	N	F	J
J	B	X	N	D	A	Q	A	I	A
Z	C	N	Y	A	O	O	L	Q	H

LIMONADA **ONCE** **EGIPCIO**
CABEZA **BONITA** **ESTÚPIDO**
POSTRE **TERMINAL** **HOJA**

P	N	S	A	F	E	N	G	M	O
W	I	U	F	J	S	M	N	X	P
A	Y	R	R	G	C	N	O	W	H
W	O	P	I	B	U	Z	V	S	Q
A	G	A	C	L	D	F	E	C	M
B	U	G	A	S	I	L	N	A	Z
U	R	O	N	I	L	L	T	J	V
E	T	S	O	I	L	C	A	E	A
L	F	T	X	C	A	G	S	R	S
A	K	O	N	I	H	G	Z	O	O

NOVENTA **SUR** **CAJERO**
VASO **AGOSTO** **AFRICANO**
ESCUDILLA **YOGUR** **ABUELA**

D	E	S	P	A	C	H	O	P	P
O	J	K	F	V	S	A	D	R	I
C	I	R	V	I	E	C	N	E	E
U	Q	R	E	S	R	E	H	S	V
A	B	B	N	A	I	R	V	E	B
D	K	M	E	D	O	G	F	N	S
E	G	W	R	O	F	A	D	C	U
R	P	N	O	K	P	N	K	I	R
N	K	K	A	T	J	L	P	A	V
O	Z	G	X	B	D	X	I	T	N

ENERO **SERIO** **HACER**
VISADO **PIE** **DESPACHO**
PRESENCIA **CUADERNO** **SUR**

D	X	O	O	K	R	R	U	J	S
L	U	C	H	A	O	D	B	S	D
P	I	Z	F	Q	V	I	E	O	E
R	E	G	A	L	O	E	R	B	R
Q	T	C	P	Z	W	C	E	R	E
R	Í	U	A	H	Q	I	N	I	C
D	A	E	V	G	F	O	J	N	H
W	V	L	O	D	G	C	E	A	A
Q	K	L	G	R	C	H	N	B	T
E	A	O	D	S	Y	O	A	P	P

LUCHA	**DERECHA**	**DIECIOCHO**
PAVO	**REGALO**	**CUELLO**
TÍA	**SOBRINA**	**BERENJENA**

V	C	W	R	I	B	D	T	A	C
M	O	C	C	K	Z	I	T	G	G
F	C	N	H	X	A	E	M	O	M
D	I	V	I	C	N	C	R	S	D
S	N	S	N	U	A	I	T	T	H
P	E	D	O	C	H	S	D	O	U
G	R	V	D	H	O	É	É	O	E
T	O	R	Z	A	R	I	B	N	V
W	Z	A	U	R	I	S	I	C	O
H	B	V	D	A	A	S	L	E	Q

COCINERO **HUEVO** **DIECISÉIS**
CHINO **ONCE** **ZANAHORIA**
AGOSTO **DÉBIL** **CUCHARA**

U	P	R	I	N	C	I	P	I	O
S	E	S	T	Ó	M	A	G	O	H
K	T	O	K	P	Q	C	W	X	X
O	I	P	I	E	R	N	A	X	A
N	A	K	A	G	O	S	T	O	F
O	F	P	E	R	E	Z	O	S	O
Z	M	Ú	S	I	C	A	G	K	S
P	I	L	O	T	O	Y	Q	D	O
W	D	I	E	C	I	S	É	I	S
R	L	B	F	S	L	I	B	R	A

DIECISÉIS	**MÚSICA**	**ESTÓMAGO**
PEREZOSO	**PIERNA**	**PRINCIPIO**
PILOTO	**AGOSTO**	**LIBRA**

B	O	T	E	L	L	A	K	G	X
O	D	V	H	M	G	E	J	K	B
N	E	V	A	J	E	D	R	E	Z
C	L	A	S	E	Y	K	W	K	U
E	G	F	Ú	T	B	O	L	F	P
L	A	D	T	Z	J	F	E	X	Q
H	D	V	A	L	I	E	N	T	E
F	O	Y	E	Q	S	U	I	Z	O
Z	N	X	I	D	L	T	H	K	M
E	S	P	O	S	O	G	P	L	N

SUIZO **AJEDREZ** **VALIENTE**
ESPOSO **FÚTBOL** **ONCE**
DELGADO **CLASE** **BOTELLA**

Q	M	N	V	P	V	T	P	Z	G
K	B	A	I	A	A	J	A	E	Y
R	P	R	N	S	I	G	C	N	R
U	E	A	O	A	N	V	O	O	T
E	P	N	F	P	I	I	C	E	U
Z	I	J	Y	O	L	E	I	N	I
N	N	A	O	R	L	R	N	A	Z
U	O	V	U	T	A	N	E	R	O
N	I	J	F	E	S	E	R	I	O
M	L	G	U	O	F	S	O	Z	F

VINO
VIERNES
PASAPORTE

VAINILLA
NARIZ
PEPINO

SERIO
NARANJA
COCINERO

X	L	Z	K	N	A	N	M	H	N
H	E	T	H	B	T	T	A	D	O
R	J	P	E	O	L	V	L	I	W
C	O	Q	R	N	É	A	E	C	O
O	S	S	M	I	T	N	T	I	S
R	N	A	A	T	I	I	Í	E	T
P	K	L	N	A	C	L	N	M	V
M	F	I	O	F	O	L	E	B	Z
W	V	R	V	Z	R	O	D	R	Z
S	O	P	A	X	I	G	M	E	W

HERMANO **ANILLO** **ATLÉTICO**
DICIEMBRE **LEJOS** **SOPA**
BONITA **SALIR** **MALETÍN**

J	P	E	U	Q	F	E	U	N	U
W	P	U	T	C	H	Y	C	C	M
F	O	R	V	E	V	C	H	U	M
C	S	O	B	R	I	N	O	C	F
F	G	P	P	V	N	R	C	H	R
Y	R	E	P	E	O	N	O	A	U
Y	Y	O	A	Z	V	Q	L	R	T
R	T	M	W	A	S	S	A	A	A
J	U	L	I	O	F	V	T	D	O
W	F	L	O	R	E	S	E	A	M

JULIO
EUROPEO
FLORES

CUCHARADA
CHOCOLATE
CERVEZA

VINO
SOBRINO
FRUTA

X	S	E	C	R	E	T	O	Q	F
C	A	M	A	R	E	R	O	U	Ú
D	I	E	N	T	E	M	F	D	T
O	N	A	T	A	C	I	Ó	N	B
L	X	L	I	M	Ó	N	B	R	O
O	S	X	R	X	U	K	B	J	L
J	U	D	Í	A	S	A	N	D	R
F	W	I	H	X	Z	G	K	A	V
G	H	I	J	A	O	M	O	I	Z
E	P	R	O	F	E	S	O	R	O

CAMARERO **DIENTE** **FÚTBOL**
JUDÍAS **SECRETO** **PROFESOR**
LIMÓN **HIJA** **NATACIÓN**

Sopa de Letras

D	P	X	M	L	N	F	H	U	I
C	O	X	D	S	L	I	B	T	P
S	T	B	I	E	N	Y	O	P	G
A	I	N	G	E	N	I	E	R	O
L	N	O	Y	F	P	L	A	T	O
I	G	O	V	A	G	Y	X	Q	X
R	U	H	F	C	E	O	Z	M	A
I	E	D	H	N	V	E	L	A	Z
Q	E	P	I	E	R	N	A	Q	U
D	P	A	C	I	E	N	T	E	L

PLATO **PIERNA** **VELA**
INGENIERO **POTINGUE** **AZUL**
BIEN **SALIR** **PACIENTE**

M	S	U	M	A	D	O	R	A	D
E	R	A	V	F	M	Y	J	O	G
V	N	M	N	L	E	J	O	S	P
C	Y	I	D	E	C	E	N	A	Q
L	H	S	U	E	G	R	A	B	X
A	S	T	U	E	A	B	R	I	L
S	H	O	N	C	R	I	A	D	A
E	M	S	O	G	M	O	Y	A	L
Z	P	O	A	M	N	M	A	N	L
V	M	F	S	E	R	D	F	K	V

AMISTOSO **LEJOS** **UNO**
CLASE **SUEGRA** **CRIADA**
ABRIL **CENA** **SUMADORA**

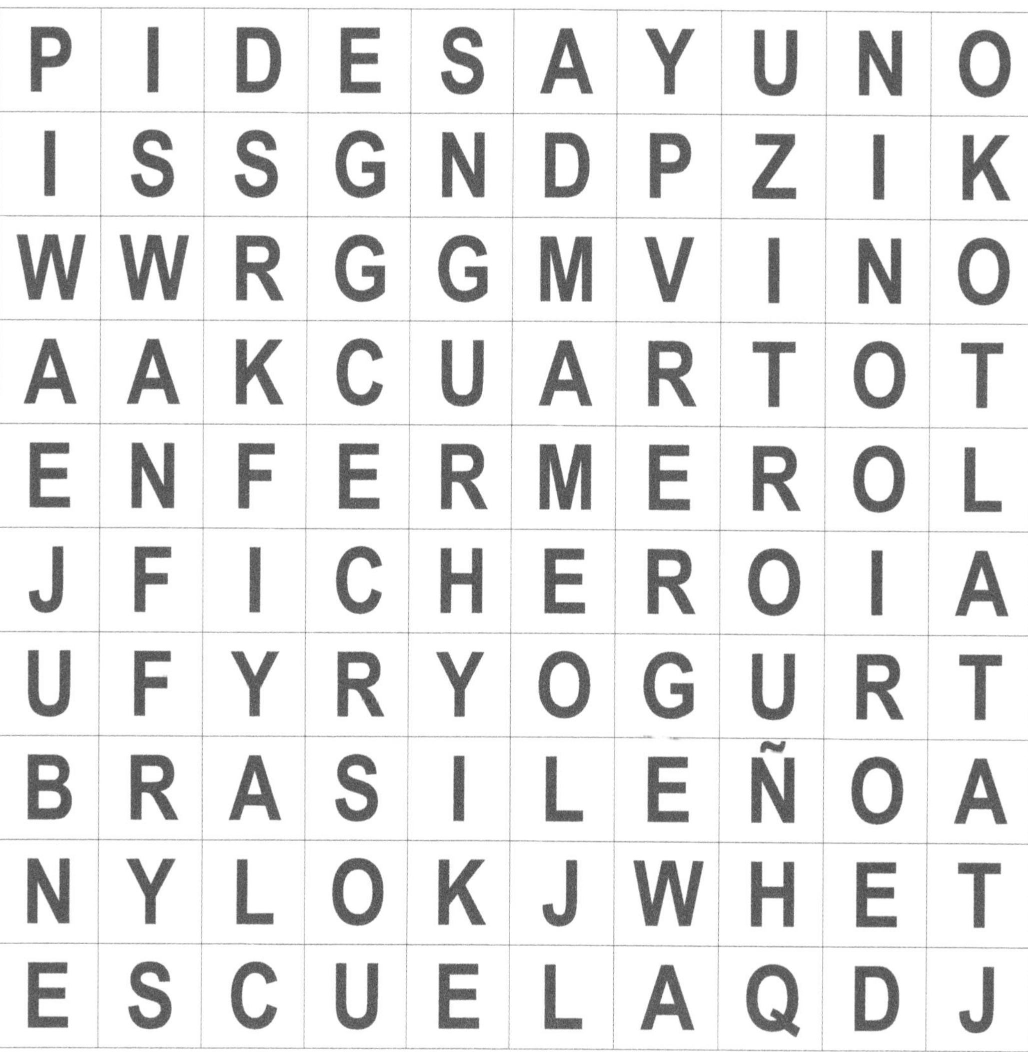

P	I	D	E	S	A	Y	U	N	O
I	S	S	G	N	D	P	Z	I	K
W	W	R	G	G	M	V	I	N	O
A	A	K	C	U	A	R	T	O	T
E	N	F	E	R	M	E	R	O	L
J	F	I	C	H	E	R	O	I	A
U	F	Y	R	Y	O	G	U	R	T
B	R	A	S	I	L	E	Ñ	O	A
N	Y	L	O	K	J	W	H	E	T
E	S	C	U	E	L	A	Q	D	J

VINO
ENFERMERO
CUARTO

ESCUELA
BRASILEÑO
FICHERO

LATA
YOGUR
DESAYUNO

A	J	H	I	J	O	Z	F	R	J
P	P	X	O	L	R	D	R	P	W
E	A	O	M	A	N	O	A	C	C
S	S	W	C	Z	V	I	N	O	A
C	I	L	V	E	L	L	C	G	M
A	L	X	A	R	K	J	É	T	A
D	L	B	D	F	D	H	S	S	R
O	O	B	O	T	E	L	L	A	E
S	E	I	J	T	I	F	D	C	R
B	Q	A	B	R	I	L	W	S	O

PESCADO	**HIJO**	**PASILLO**
FRANCÉS	**CAMARERO**	**MANO**
ABRIL	**VINO**	**BOTELLA**

H	H	V	R	D	J	O	U	V	A
B	P	I	E	V	M	X	B	Y	C
C	U	Ñ	A	D	O	N	U	I	O
S	M	M	V	E	I	N	T	E	M
E	M	B	A	R	Q	U	E	O	P
R	E	C	O	G	I	D	A	U	R
D	M	L	R	T	W	C	A	J	A
Q	P	C	Y	X	L	J	W	R	R
B	I	T	A	L	I	A	N	O	G
B	O	N	I	T	A	Y	Z	D	G

VEINTE **COMPRAR** **PIE**
BONITA **CUÑADO** **RECOGIDA**
EMBARQUE **UVA** **ITALIANO**

S	Ó	T	A	N	O	B	D	F	V
M	B	U	Z	E	M	L	Z	Q	H
A	S	P	T	A	R	J	E	T	A
W	E	N	C	A	N	T	A	D	O
T	L	A	T	A	I	A	X	P	N
R	T	E	R	M	I	N	A	L	I
T	X	Q	X	F	Y	X	J	U	Ñ
X	V	S	Z	U	C	B	T	M	O
I	E	C	O	R	T	O	V	A	S
F	Ú	T	B	O	L	X	M	V	P

TERMINAL **LATA** **ENCANTADO**
FÚTBOL **SÓTANO** **CORTO**
NIÑOS **TARJETA** **PLUMA**

N	H	P	E	R	A	Z	R	Z	F
R	G	R	I	S	T	D	E	D	O
A	R	Á	N	D	A	N	O	M	A
E	E	N	L	E	T	D	F	E	T
X	V	Z	L	Á	P	I	Z	Z	L
N	Q	T	C	G	U	B	T	Q	É
D	U	F	Y	O	A	O	C	U	T
S	U	M	A	D	O	R	A	I	I
L	D	G	D	W	E	V	P	N	C
H	M	A	P	A	J	E	Q	O	O

DEDO **ATLÉTICO** **ARÁNDANO**
GRIS **LÁPIZ** **PERA**
SUMADORA **MEZQUINO** **MAPA**

G	C	X	B	I	N	G	L	É	S
S	E	C	T	O	R	M	P	V	Z
C	T	L	C	I	T	A	R	N	C
U	T	R	E	I	N	T	A	V	O
P	R	I	N	C	I	P	A	L	U
P	R	E	S	E	N	T	E	F	N
D	S	T	Z	B	W	T	Y	G	S
V	B	E	B	E	R	B	E	L	K
M	E	J	I	C	A	N	O	L	K
M	E	L	O	C	O	T	Ó	N	W

PRINCIPAL **CITAR** **MELOCOTÓN**
MEJICANO **BEBER** **SECTOR**
PRESENTE **TREINTAVO** **INGLÉS**

E	S	T	U	D	I	O	S	O	R
A	C	T	R	I	Z	V	Q	C	I
P	R	O	M	P	E	R	S	N	I
Z	E	N	F	E	R	M	E	R	O
G	G	P	E	R	A	F	F	G	L
B	G	N	M	Y	B	W	E	Y	I
C	A	R	N	I	C	E	R	O	M
H	F	L	Á	P	I	Z	Z	F	Ó
B	A	S	T	A	N	T	E	R	N
J	Z	S	X	Z	U	N	C	I	D

PERA **ENFERMERO** **LIMÓN**
ACTRIZ **ROMPER** **LÁPIZ**
ESTUDIOSO **BASTANTE** **CARNICERO**

D	S	T	O	E	U	M	B	J	R
F	U	M	P	S	I	L	V	U	M
C	P	O	Y	T	V	M	V	D	R
O	R	E	I	Ú	E	E	W	Í	Á
C	E	C	K	P	S	Z	M	A	B
I	S	A	B	I	P	Q	O	S	A
N	E	N	N	D	A	U	R	Z	N
E	N	A	V	O	Ñ	I	E	J	O
R	T	S	D	B	O	N	N	M	L
O	E	X	T	J	L	O	O	N	M

ESPAÑOL JUDÍAS RÁBANO
CANAS MEZQUINO COCINERO
MORENO ESTÚPIDO PRESENTE

A	Z	U	L	E	S	T	D	M	I
L	A	E	H	E	B	M	I	L	G
A	Z	J	H	Y	N	A	P	I	O
B	X	D	K	U	X	K	J	R	D
U	P	R	X	V	T	S	U	J	A
E	N	O	J	A	D	O	S	P	L
L	M	E	J	I	C	A	N	O	P
O	I	Z	Q	U	I	E	R	D	A
H	V	C	T	S	E	I	S	E	K
T	Z	N	O	H	I	J	O	X	L

HIJO **SEIS** **AZULES**
MEJICANO **MIL** **ENOJADO**
APIO **ABUELO** **IZQUIERDA**

P	B	A	M	Ú	S	I	C	A	G
R	F	C	U	E	L	L	O	Y	E
E	R	U	B	Q	H	A	A	E	S
T	A	S	O	P	W	V	S	I	C
E	M	M	N	K	J	A	O	Q	A
N	B	F	I	Y	R	T	B	U	L
D	U	R	T	R	Y	Q	R	I	E
E	E	U	A	T	M	F	I	N	R
R	S	T	O	V	P	K	N	C	A
G	A	A	P	X	I	X	O	E	I

QUINCE **FRUTA** **ESCALERA**
FRAMBUESA **PRETENDER** **MÚSICA**
BONITA **CUELLO** **SOBRINO**

N	A	T	I	L	L	A	S	T	U
C	A	J	A	R	A	Y	J	R	H
M	P	O	H	R	L	E	H	E	P
M	E	R	O	S	T	R	O	S	M
E	R	C	A	S	A	R	S	E	F
L	P	W	E	S	P	A	Ñ	O	L
E	L	T	D	S	U	V	I	N	O
N	E	E	U	E	D	P	F	P	C
A	J	L	U	M	X	G	J	B	N
V	O	K	Z	S	H	R	I	S	R

CASARSE **TRES** **NATILLAS**
ROSTRO **PERPLEJO** **MELENA**
ESPAÑOL **CAJA** **VINO**